T0402796

Tadpole Books are published by Jump!, 5357 Penn Avenue South, Minneapolis, MN 55419, www.jumplibrary.com

Editor: Jenna Gleisner **Designer:** Emma Bersie **Translator:** Annette Granat

Photo Credits: Ilike/Shutterstock, cover; Andrew Makedonski/Shutterstock, 1; herjua/iStock, 2mr, 6–7; Thannaree Deepul/Shutterstock, 2bl, 12–13; Toey Toey/Shutterstock, 2br, 4–5; Brandon Bourdages/Shutterstock, 2ml, 10–11, 16bl; Pakhnyushchy/Shutterstock, 2tr, 14–15, 16br; Artiste2d3d/Shutterstock, 2tl, 8–9, 16tl; Amorn Suriyan/iStock, 3; karamysh/Shutterstock, 16tr.

Library of Congress Cataloging-in-Publication Data
Names: Nilsen, Genevieve, author.
Title: Veo / por Genevieve Nilsen.
Other titles: See. Spanish
Description: Minneapolis: Jump!, Inc., (2023)
Series: Mis sentidos | Includes index.
Audience: Ages 3–6
Identifiers: LCCN 2022035371 (print)
LCCN 2022035372 (ebook)
ISBN 9798885242660 (hardcover)
ISBN 9798885242677 (paperback)
ISBN 9798885242684 (ebook)
Subjects: LCSH: Vision—Juvenile literature.
Classification: LCC QP475.7 .N4318 2023 (print)
LCC QP475.7 (ebook)
DDC 612.8/4—dc23/eng/20220808

MIS SENTIDOS

VEO

por Genevieve Nilsen

TABLA DE CONTENIDO

Palabras a saber.......2

Veo.......3

¡Repasemos!.......16

Índice.......16

PALABRAS A SABER

árboles

cometa

flores

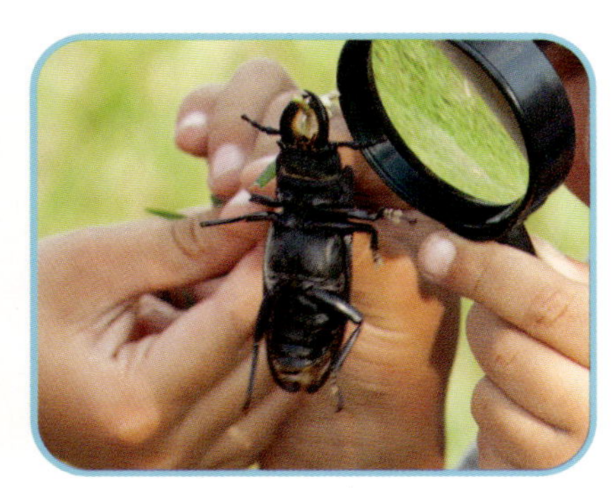

insecto

nubes

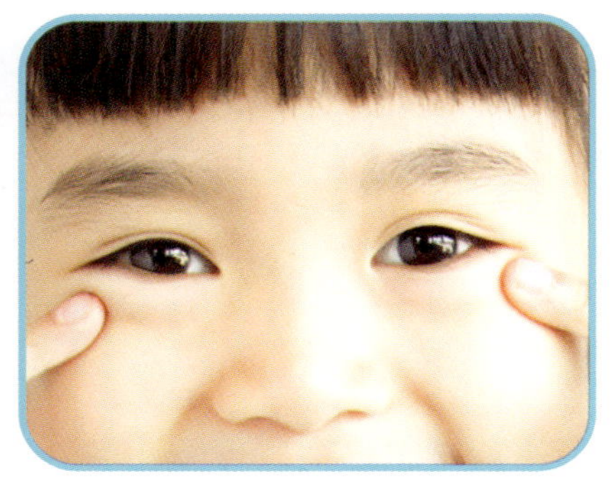

ojos

VEO

Yo veo.

Veo con los ojos.

insecto

Veo un insecto.

árbol

Veo árboles.

flor

Veo flores.

nube

Veo nubes.

¡Veo una cometa!

¡REPASEMOS!

Vemos con los ojos. ¿Cuáles de estas fotos viste en el libro?

ÍNDICE

árboles 9
cometa 15
flores 11
insecto 7
nubes 13
ojos 5
veo 3, 5, 7, 9, 11, 13, 15